全国职业院校城市轨道交通专业教材

城市轨道交通车辆维护与检修习题册

黄凯林　主编

中国劳动社会保障出版社

简　介

本习题册是全国职业院校城市轨道交通专业教材《城市轨道交通车辆维护与检修》的配套习题册，根据职业院校城市轨道交通专业学生的特点，参照相关职业标准编写。

本习题册按照教材分章节编写，内容包括城市轨道交通车辆维护与检修概述、车体及车门维护与检修、转向架维护与检修、连接装置维护与检修、风源及制动系统维护与检修、空调系统维护与检修、牵引系统维护与检修、辅助供电系统维护与检修、控制及乘客信息系统维护与检修，有填空题、选择题、判断题、名词解释、简答题、综合分析题、案例分析题等多种题型，供学生课后练习使用。本习题册配有答案，可通过技工教育网（http://jg.class.com.cn）下载。

本习题册由黄凯林任主编，陈妮、孙保军、王永祥参加编写。

图书在版编目（CIP）数据

城市轨道交通车辆维护与检修习题册 / 黄凯林主编 . -- 北京：中国劳动社会保障出版社，2020

全国职业院校城市轨道交通专业教材

ISBN 978-7-5167-4685-1

Ⅰ.①城…　Ⅱ.①黄…　Ⅲ.①城市铁路－铁路车辆－车辆检修－高等职业教育－习题集　Ⅳ.①U279.3－44

中国版本图书馆 CIP 数据核字（2020）第 182887 号

中国劳动社会保障出版社出版发行

（北京市惠新东街 1 号　邮政编码：100029）

*

三河市华骏印务包装有限公司印刷装订　新华书店经销

787 毫米 ×1092 毫米　16 开本　2.5 印张　56 千字

2020 年 10 月第 1 版　2021 年 12 月第 2 次印刷

定价：7.00 元

读者服务部电话：（010）64929211/84209101/64921644

营销中心电话：（010）64962347

出版社网址：http://www.class.com.cn

http://jg.class.com.cn

目　录

第一章　城市轨道交通车辆维护与检修概述

一、填空题（将正确答案填在横线空白处）

1. 车辆维护的工作内容是保持车辆清洁整齐、润滑良好、安全运行，包括及时__________松动的紧固件、__________活动部分的间隙等，简言之，即清洁、润滑、紧固、调整、防腐。

2. 定期维修又称时间预防维修，它以__________或__________作为维修期限。

3. 车辆维修限度的种类包括原形尺寸、禁止使用限度（运用限度）和____________________________。

4. ______________是指各级修程所规定的维修限度，也是区分各零部件的损伤在各级修程中是否需要处理的依据。

5. 待修车辆回至车辆段、车辆基地直至修竣后的全部过程，称为车辆的______________。

6. 车辆零部件一般是受多次交变载荷作用而产生裂纹的，这种形式的损坏称为__________。

7. 零部件的____________将直接影响城市轨道交通车辆的修理质量。

8. 金属零部件的______________是指表面与周围介质起化学或电化学作用而发生的表面破坏现象。

二、选择题（将正确答案的字母填在括号内）

1.（　　）是指根据车辆零部件的磨损情况，事先只规定检查次数和时间，而每次修理的具体期限、类别和内容均由检查后的结果决定的修理方法。

A. 检查后修理法　　B. 现车修理法
C. 定期修理法　　D. 标准修理法

2. 车辆在各级修程中，（　　）主要是对与列车行车安全相关的零部件进行外观检查和车辆各类功能检查。

A. 双周检　　B. 日检　　C. 年检　　D. 架修

3.（　　）也称故障后维修，它不控制维修时期，是在某个机件出现故障之后所采取的维修方式。

A. 状态修　　B. 定期维修　　C. 事后维修　　D. 视情维修

4. 对已运营稳定的线路，考虑到人力成本和设备类型，最佳的维修方式为（　　），其自动化程度高、维修成本低、设备性能保持好。

A. 计划修　　B. 状态修　　C. 大修　　D. 架修

5. 在车辆修理过程中，按规定的次序依次完成的各种作业总和称为车辆的修理（ ）。

A. 工序　　B. 工步　　C. 生产过程　　D. 工艺过程

6. 城市轨道交通车辆机械零部件检修与更换主要是由（ ）引起的。

A. 变形　　B. 腐蚀　　C. 磨损　　D. 断裂

7. 引起绝缘材料老化的主要原因是（ ）。

A. 环境湿度　　B. 材料受热和材料氧化

C. 材料受力　　D. 光照

三、判断题（正确的在题后括号内打“√”，错误的打“×”）

1. 通过日常检查可全面准确地掌握零部件磨损的实际情况，以便确定零部件是否有必要修理。（ ）

2. 定期维修对于那些发生故障会直接危及安全，而且有极限参数可以监测的机件才是有效的。（ ）

3. 在确定禁止使用限度时，应考虑零部件本身的工作条件、零部件间配合工作条件和对车辆运用性能的影响。（ ）

4. 对于机器修理行业，工艺就是人们在修理过程中为达到修理质量标准所采用的技术、方法和手段。（ ）

5. 腐蚀损伤总是从金属表面开始，然后或快或慢地往里深入，并使表面的外形发生变化，出现不规则形状的凹洞、斑点等破坏区域。（ ）

6. 疲劳断裂区越光滑，零部件断裂前应力循环次数越少。（ ）

7. 自然故障是指因维护不当、操作不当、设计缺陷或部件质量缺陷造成的故障。（ ）

8. 检修线中要有一条平直度要求较高的线路，用于精确测量车体地板高度。（ ）

四、名词解释

1. 车辆检查

2. 车辆修理

3. 计划修

4．事故故障

五、简答题

1．简要说明城市轨道交通车辆检修的基本工艺过程。

2．城市轨道交通车辆正线故障根据影响程度可分为哪几种?

3．车辆段与综合基地应具备哪些基本功能?

六、综合分析题

正确检查零部件的缺陷以及故障的性质、程度和位置，是城市轨道交通车辆修理的前提。为保证车辆的修理质量，请回答下列问题。

1．车辆检查类型有哪些?

2．常用的检测车辆零部件性能的方法有哪些?

3．判断车轮是否正常或有裂纹、螺母是否紧固或松动应采用哪种检测方法？如何判断？

4．应采用哪种方法检测零部件的内部缺陷？

七、案例分析题

某地铁运营公司车辆检修二车间在进行镟修作业时，发现 0215 次列车 3 车 3 位车轴齿轮箱悬架装置与齿轮箱连接处有严重油污，判断此处专用衬套密封失效，随即拆下悬架装置并分解。打开夹卡后发现润滑脂集储器内无润滑脂，专用滚柱轴承损坏，专用销中部严重磨损。参考图 1–1 分析回答下列问题。

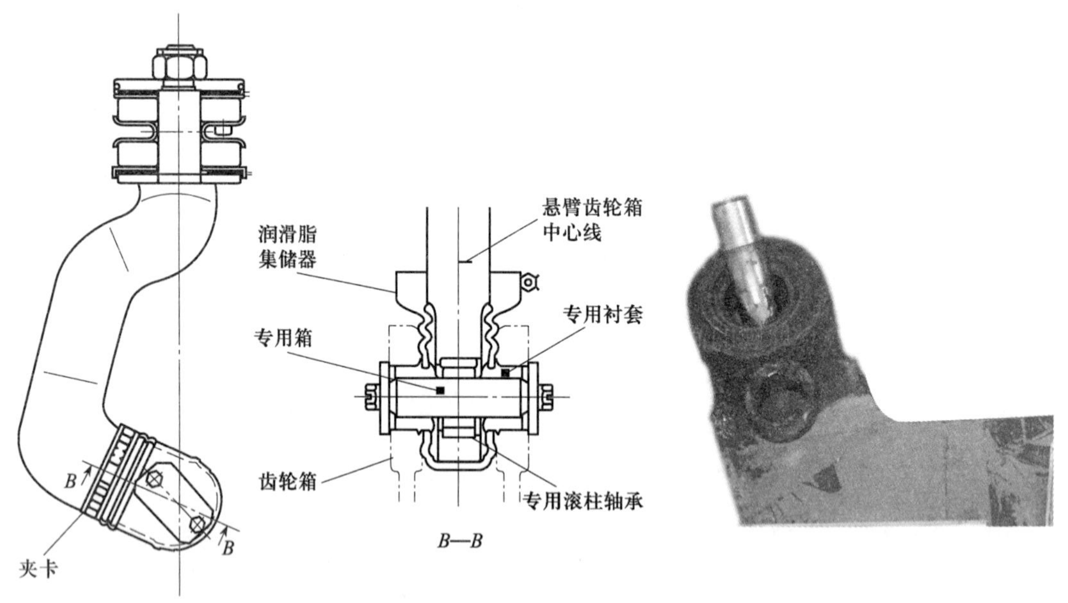

图 1–1　齿轮箱悬架装置

1．什么是镟修作业？

2．这种故障应采用哪种检测方法进行检测？

3．根据此故障的性质，判断它的故障类型。

4．简要说明导致该故障的原因及处理方法。

第二章　车体及车门维护与检修

一、填空题（将正确答案填在横线空白处）

1. 城市轨道交通车辆的车体一般包括底架、端墙、侧墙、车顶、____________、贯通道和____________等部分。

2. 对车体外观进行维护时，需要注意车体外表应无__________，油漆损坏面积应不超过____________mm^2 或长度不超过____________mm。

3. 车体的常见故障是____________。除此之外，车体故障还有__________、____________、车窗玻璃破碎、客室内扶手松动、车体表面及内装脱漆等。

4. 检查客室各侧墙、顶板、装饰条的外观，应无_________和____________，油漆良好，安装牢固。

5. 车门外观检查主要检查确认_________、_________无异常损伤，_________无损坏，外部文字、标记、铭牌、指示灯等齐全，外观正常。

6. 在客室内及司机室内分别测试司机室间隔门__________和__________锁闭功能。

二、选择题（将正确答案的字母填在括号内）

1. 下列不属于车体内装及内饰日常维护范围的是（　　）。

A. 动态地图　　B. 广告板　　C. 通风格栅　　D. 刷屏机

2. 如果发现客室各类标签有脱落和损坏，需要（　　）。

A. 换贴新标签　　B. 通知车辆段控制中心

C. 通知技术室　　D. 回收旧标签

3. 下列不属于内藏式司机室侧门维护内容的是（　　）。

A. 开关门有无卡滞现象　　B. 门把手、旋转锁安装是否紧固

C. 清洁和检查门槛条　　D. 紧急解锁罩板及手柄安装是否牢固

4. 使门扇处于完全开到位状态，测量两根护指胶条最高点之间的距离，两扇门板之间的净开度为（　　）mm。

A. 1 200　　B. 1 300　　C. 1 400　　D. 1 500

5. 列车客室车门外观检查主要包括（　　）。

A. 门页　　B. 门玻璃　　C. 紧急开门手柄　　D. 以上均正确

6. 用（　　）对司机室侧门驱动机构的长圆导柱、上滑道和下滑道内侧、锁叉与锁挡的啮合面、平衡压轮周边进行加油润滑。

A. 3 号锂基脂　　B. RS252-0174

C．RS251-3722　　　　　　　　　　D．Top2000 润滑脂

7．门扇导轨的外侧面与车体侧墙外侧面的间隙应为（　　）mm；门扇导轨应安装牢固，无松动。

A．15 ± 2　　　B．30 ± 1　　　C．48 ± 1　　　D．73 ± 2

三、判断题（正确的在题后括号内打“√”，错误的打“×”）

1．检查地板状态的作业方法及标准是地板布无破损、凹陷、鼓包、起翘，地板布焊缝无脱出。（　　）

2．焊接结构的大型铝合金挤压型材车体较碳素钢结构车体不容易产生变形。（　　）

3．检查客室安全锤的作业方法和标准是检查安全锤无丢失、铅封完好。（　　）

4．紧固有防松线的螺栓和螺钉无须用永久性记号笔标记最终位置。（　　）

5．门扇 V 形调整要求两扇门中间的距离上部比下部大 2 ～ 5 mm。（　　）

6．门扇对中调整时，要求门关上后门扇与护指胶条的间距不大于 44.4 mm。（　　）

7．车门开启和关闭前都会有提示警告音。（　　）

8．测试客室车门的关闭位置，可用一把方形钥匙将右门扇上锁栓旋转至关闭位置，隔离开关应动作，同时门被机械锁紧，不能打开。（　　）

四、名词解释

1．无碍车体外形的车体永久变形

2．妨碍车体外形的车体永久变形

五、简答题

1．简述检查客室盖板、设备柜、电气柜状态的作业方法及标准。

2．客室车门日常维修中主要检查哪些关键部件?

3. 简述车门故障的一般检查流程。

4. 简述电子门控单元（EDCU）故障的解决方法。

六、综合分析题

在车辆服务运营过程中，车门系统工作频繁，故障率较高，快速有效地查找车门系统故障并及时进行修理，保证其良好的工作状态，对保障车辆运营安全和服务质量尤为重要。针对车门系统的常见故障，请对下列问题进行说明。

1. 当按下关门按钮后，单个车门无法关闭，车辆显示屏显示该车门故障。试分析产生该故障的主要原因。

2. 分析说明解决此类故障的方法。

七、案例分析题

2019 年 1 月 9 日 10 时 32 分，某地铁运营公司 11706（0201）次列车在 E 站上行站台作业完毕，列车 3 次防夹产生 FSB，司机重新开关车门后，2 车 4 位车门显示红色故障，司机切除该车门。正线驻站人员检查确认为 2 车 4 位车门电动机轴断导致该车门未正常关闭，并在 ATI 屏上弹出多条故障，如图 2–1 和图 2–2 所示。电动机轴断裂后，齿带轮与电动机分离，电动机旋转无法带动齿带运动，继而无法使门扇运动。同时车门控制器检测到电动机电流为非正常值，编码器未能检测到正常的脉冲信号，并且未触发相应的行程开关，所以会报出“发动机或编码器故障”和“三次防夹故障”。请根据上述案例描述回答下列问题。

No.	车号	代码	异常名称	发/复	日期	区间	级位	速度[km	前进方向	位置[m]	运行模式
756	211	9	动作记录 模式开关#1ATO模式	发	10:21:32	A站	FB	0	上行	329	ATO
757	211	15	动作记录 警惕回路动作	发	10:21:36	A站	停车B	0	上行	329	ATO
758	212	134	车门 4位车门发动机或编码器故障	发	10:31:08	E站	停车B	0	上行	5552	ATO
759	212	134	车门 4位车门发动机或编码器故障	复	10:31:10	E站	停车B	0	上行	5552	ATO
760	211	15	动作记录 警惕回路动作	复	10:31:15	E站	停车B	0	上行	5552	ATO
761	212	134	车门 4位车门发动机或编码器故障	发	10:31:21	E站	FB	0	上行	5552	ATO
762	212	134	车门 4位车门发动机或编码器故障	复	10:31:22	E站	FB	0	上行	5552	ATO
763	212	134	车门 4位车门发动机或编码器故障	发	10:31:29	E站	FB	0	上行	5552	ATO
764	212	154	车门 4位车门关闭时3次以上检测障碍物	发	10:31:29	E站	FB	0	上行	5552	ATO
765	212	134	车门 4位车门发动机或编码器故障	复	10:31:38	E站	FB	0	上行	5552	ATO
766	212	154	车门 4位车门关闭时3次以上检测障碍物	复	10:31:38	E站	FB	0	上行	5552	ATO

图 2–1　ATI 故障一览

图 2–2　2 车 4 位车门电动机（发动机）轴断

1．判定故障的条件是什么？

2．此故障的现象是什么？

3．此故障的处理方法是什么？

4．车门电动机故障的原因是什么？

第三章　转向架维护与检修

一、填空题（将正确答案填在横线空白处）

1. 车轮的主要故障有裂纹、________、________、擦伤、凹陷等。

2. 车轮检修时轮径差必须满足同轴不大于________mm，同一转向架不大于________mm，同一辆车不大于________mm。

3. 检查车轮轮缘踏面圆周边缘的尖锐卷边和凹槽，如果深度超过________mm，必须镟修或更换轮对。

4. 车轮轮辋最大宽度为________mm。

5. 当目测无法判断一系悬挂裂纹的深度或长度时，用________插入裂纹处，然后用钢直尺测量插入量。

6. 抗侧滚扭杆一般由一根扭杆、____________、____________和两个支撑座组成。

7. ____________________的作用是为车体和转向架之间提供合适的纵向刚度，传递纵向的驱动力和制动力。

8. 中央牵引连接装置在架修或大修检查时，需要__________、__________所有零部件并按要求进行检测。

二、选择题（将正确答案的字母填在括号内）

1. 车轴断裂的主要原因是（　　）。

A. 车轴材质　　B. 疲劳断裂

C. 受到剧烈冲击　　D. 交变载荷

2. 车轮踏面由于材质不良，有夹渣，在运行中经反复碾压，材质疲劳而出现鳞片状剥落，称为（　　）。

A. 踏面磨损　　B. 踏面擦伤　　C. 疲劳剥离　　D. 局部凹下

3. 当列车轮对踏面出现一处长度为 10 mm 的剥离时，正确的处理方式是（　　）。

A. 未超标，不用处理　　B. 进行打磨

C. 报专业工程师　　D. 镟轮处理

4. 下列不属于轮缘磨损结果的是（　　）。

A. 轮缘厚度减小　　B. 轮缘垂直磨损

C. 轮缘形成锋芒　　D. 轮缘增高

5. 下列不属于轴箱装置常见故障的是（　　）。

A. 疲劳剥落　　B. 烧伤及磨损　　C. 塑性变形　　D. 车轴裂纹

6．车轴探伤主要包括电磁探伤和（　　）。

A．电波探伤　　B．荧光磁粉探伤

C．超声波探伤　　D．渗透探伤

7．检修构架时，当裂纹不明显、不需要对工件进行脱漆的情况下可采用（　　）。

A．渗透探伤　　B．涡流探伤　　C．磁粉探伤　　D．超声波探伤

8．当人字橡胶弹簧出现（　　）时，不可继续使用。

A．多条深度大于 8 mm 的裂纹　　B．一条深度小于 16 mm 的裂纹

C．多条深度小于 8 mm 的裂纹　　D．一条深度小于 8 mm 的整个周向裂纹

三、判断题（正确的在题后括号内打“√”，错误的打“×”）

1．车轴表面应涂刷双组分的环氧防腐面漆进行防腐维护，不油漆的部分包括轮座、轴颈，车轴端部需做临时性保护，加装防护套。（　　）

2．对轴箱装置进行日常检查时，应确认接地装置及轴端速度传感器电缆无破损，电缆与构架无干涉，线卡紧固。（　　）

3．所有转向架均可互换。（　　）

4．动车构架装置和拖车构架装置可完全互换。（　　）

5．检查构架对角线的距离，以此判断转向架两侧梁是否平衡。（　　）

6．轴箱拉杆、长套筒和垫圈用酒精清洗后目测检查，并在拉杆上涂一层保护蜡后继续使用。（　　）

7．对构架进行无损探伤，布裂纹不明显的情况下，可采用磁粉探伤，但需要对工件进行脱漆。（　　）

8．对联轴节上可见的机械破坏或外部损坏进行修补并补漆后，联轴节可继续使用。（　　）

四、名词解释

1．踏面圆周磨损

2．踏面剥离

3．踏面擦伤

五、简答题

1. 简述车轴的检修作业方法及标准。

2. 简述车轮踏面擦伤的主要原因。

3. 简述空气弹簧的检查与维护要求。

4. 简述牵引拉杆的检修步骤。

六、综合分析题

轮对是影响城市轨道交通车辆运行安全性的关键部件之一，在运营过程中，经常会出现车轮踏面圆周磨耗、轮缘磨耗等故障，直接威胁着行车安全，必须认真检查、及时发现、妥善处理。针对车轮常见故障，请回答下列问题。

1. 分析踏面磨损故障的产生原因。

2. 分析踏面磨损故障产生的危害。

七、案例分析题

2020 年 1 月 22 日，某地铁运营公司 0127 次列车日检发现 3 车 4 位齿轮箱吊杆下安装螺栓的六角头端部与吊杆关节悬挂臂之间存在间隙，如图 3–1 所示，初步判断为螺栓松动造成，进一步通过扭力复核验证时，螺栓发生断裂，如图 3–2 所示。通过深入调查发现，大修时，技术人员在未取得上级技术部门下发技术通知单的情况下，私自改变螺栓长度，并改变原有装车条件；在螺栓紧固到位及划线时，未发现螺栓过长的问题。请分析出现上述情况的主要原因，并且写出整改措施。

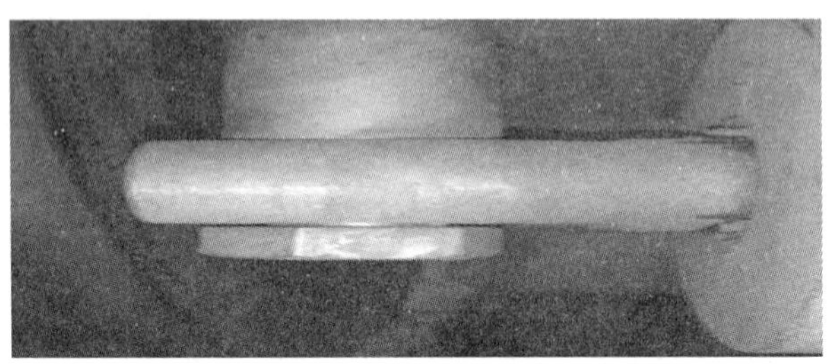

图 3–1　存在间隙情况

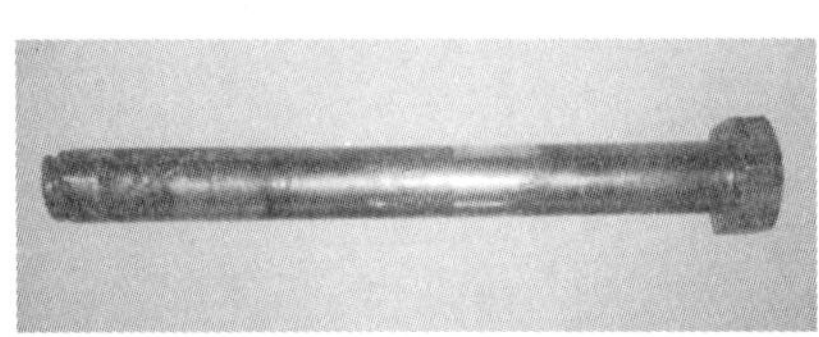

图 3–2　螺栓断裂情况

第四章　连接装置维护与检修

一、填空题（将正确答案填在横线空白处）

1. 贯通道装置__________连接于车厢间，方便乘客在车厢间走动，具有隔热、隔声、防雨、防风、防尘的作用。

2. 车钩缓冲装置在运用过程中需要按列车__________和__________实施必要的检测、润滑、调整、维修、更换及试验等维护和检修工作。

3. __________的作用是在水平面内推动车钩缓冲装置向自身纵向中心线回复，使其自动对中。

4. __________的作用是在垂直平面内支撑车钩缓冲装置。

5. 检查压溃管上的____________________，若其被剪断或丢失，则代表压溃管可能遇到非正常纵向冲击造成触发，应更换新的压溃管。

6. __________显示过载保护装置发生移动，说明螺栓可能承受“过大负荷”。如果有这种情况发生，应当将车钩缓冲装置拆下，更换过载保护装置。

7. 圆柱头螺钉检查样板用于缓冲器壳体与缓冲器芯子组装时，检验__________紧固螺钉是否妨碍装配。

8. 贯通道装置的日检、双周检、季检和年检维护主要体现在对贯通道装置各组成部分的__________。

二、选择题（将正确答案的字母填在括号内）

1. 安装吊挂系统的核心是（　　）。

A．支撑装置　　B．回转机构　　C．过载保护装置　　D．对中装置

2. 为保证车钩缓冲装置正常运行使用，运用一段时间后需要进行架修维护，周期为（　　）。

A．不超过 4 年或 600 000 km　　B．不超过 1 周或 400 ~ 500 km

C．不超过 8 年或 1 200 000 km　　D．不超过 1 年或 150 000 km

3. 使用 AUTOLTOP 2000 润滑脂对机械钩头凸凹锥进行润滑，凸凹锥的油脂涂抹厚度不得大于（　　）mm。

A．20　　B．30　　C．10　　D．40

4. 如果车钩缓冲装置自然对中情况下中心线偏移车体中心线大于（　　），则需按一定方法调节对中，直至达到要求为止。

A．±45°　　B．±35°　　C．±15°　　D．±10°

5. 贯通道装置在使用过程中，折棚、踏板、渡板、顶板及侧护板几乎不需要维护保养，对零部件的维护与检修通常以（　　）为主。

A. 检查　　B. 更换　　C. 修理　　D. 检查和更换

6. 车体框上的锁闭装置可以实现折棚与（　　）的快速连挂和解编。

A. 面料框　　B. 车体框　　C. 对接框　　D. 中间框

7. 车钩缓冲装置连挂系统中压溃管的稳态力（　　）过载螺栓的稳态力。

A. 小于　　B. 大于　　C. 等于　　D. 不大于

8. 车钩缓冲装置大修维护时，应更换车钩缓冲装置上的（　　）橡胶件。

A. 压簧　　B. 支撑　　C. 密封　　D. 全部

三、判断题（正确的在题后括号内打“√”，错误的打“×”）

1. 半自动车钩缓冲装置可以在连挂时完成车组单元之间机械、风路和电路的连接，并在分解时自动断开风路的连接。（　　）

2. 中间半自动车钩缓冲装置用于列车内部两个单元之间，其作用是保证两个单元之间的自动连接和手动解钩。（　　）

3. 车钩缓冲装置在牵引工况时，牵引载荷通过压溃管内部的刚性连接进行传递，变形元件不会受到影响。（　　）

4. 紧凑式缓冲装置承担车钩缓冲装置的弹性缓冲、水平对中、垂直支撑和回转等功能。（　　）

5. 当车钩缓冲装置处于正常牵引状态时，冲击板顶靠在车体安装板的后部，将牵引力传递到车体，过载保护螺栓承受牵引力。（　　）

6. 车钩缓冲装置受压时，压力传递的顺序依次为弹性体弹簧、胶泥芯子、内半筒总成、壳体。（　　）

7. 发现过载保护装置螺母松动时，可再次拧紧使用。（　　）

8. 安装固定车钩缓冲装置时，以顺序拧紧方式将四个螺母拧紧至 1 400 N.m。（　　）

四、名词解释

1. 过载保护装置

2. 安装吊挂系统

3. 车钩缓冲装置垂向高度

五、简答题

1．简述中间车半自动车钩缓冲装置安装吊挂系统的作用。

2．简述头车半自动车钩缓冲装置的日检维护程序。

3．简述贯通道装置的安装步骤。

六、综合分析题

按作业程序对头车半自动车钩缓冲装置进行日检作业时，发现压溃管触发判断装置被剪断。针对此种情况，请回答下列问题。

1．说明压溃管的作用。

2．压溃管触发判断装置被剪断代表了什么？

3．这种情况应如何处理？

七、案例分析题

2019 年 8 月 30 日，某地铁运营公司车辆维修中心在对“+02A005–02B005–02C005=02C006–02B006–02A006+”（“+”表示全自动车钩，“–”表示半永久车钩，“=”表示半自动车钩）列车实施架修作业时发现 02A006 车半自动车钩 MRP 阀解钩后不能自动关闭。请根据案例描述回答下列问题。

1．判断 MRP 阀解钩后不能自动关闭的原因。

2．说明该故障常用的处理方法。

3．说明 MRP 阀的拆卸方法。

第五章　风源及制动系统维护与检修

一、填空题（将正确答案填在横线空白处）

1. 风源系统的维护主要包括____________________、____________________、活塞和活塞销的维护、干燥器的维护、风缸的维护等。

2. 压缩机分解后，用_______________清洗所有金属部件，橡胶件需要用温热的肥皂水清洗，以减少对橡胶件的腐蚀，再用清水冲洗，最后用压缩空气吹干。

3. 拆开空气干燥器，必须首先对分解后的零部件进行_________，并检查是否有裂纹、变形或锈蚀等损伤。

4. 风缸年检以内的修程以___________________为主，并在半年检、年检时进行排水排污处理。

5. 模拟转换阀检修时在___________________的清洁池中用化学清洁剂清洗金属部件，然后用压缩空气吹干。用浸过温肥皂水的抹布擦洗励磁线圈和电枢后，立即用压缩空气吹干，并在电枢上涂抹一层硅脂。

6. 称重阀检修组装前，应给所有环型以及各个_____________和_____________涂上少量通用润滑脂。

7. 制动微机控制单元的维护主要涉及两个方面，一是___________________，二是通过测试界面手动操作对系统的不同功能进行_____________和_____________。

8. 严格按照防滑电磁阀分解步骤，使用标准工具和___________________进行分解，需要替换的部件应专门放置。

二、选择题（将正确答案的字母填在括号内）

1. 下列属于空气压缩机压力上升异常故障的可能原因是（　　）。

A. 压缩机堵塞　　B. 曲柄油箱密封缺陷
C. 空气系统泄漏严重　　D. 断电

2. 高压型空气压缩机的输出压力为（　　）MPa。

A. 0.2 ~ 1.0　　B. 1.0 ~ 10　　C. 大于 10　　D. 大于 100

3. 干燥过滤器干燥过的压缩空气，其相对湿度应小于（　　）。

A. 20%　　B. 25%　　C. 30%　　D. 35%

4. 检查制动钳总体各件，若钳体出现变形或裂纹、缸套出现不均匀磨损、活塞出现不均匀磨损、摩擦片厚度小于 1 mm、制动盘厚度小于（　　）mm，均应更换部件。

A. 10　　B. 12　　C. 14　　D. 16

三、判断题（正确的在题后括号内打“√”，错误的打“×”）

1．油滤芯失效会导致空气处理器藏油。（　）

2．清洗完压缩机后，不需要对零部件进行润滑。（　）

3．一般情况下，干燥剂需要每年更换一次。（　）

4．水压试验以风缸最高工作压力的 1.5 倍进行，要求风缸在 10 min 保压时间内无泄漏、无可见变形、无异常声响、压降在误差范围内。（　）

5．在空气干燥器消声器的排泄口发现白色沉淀黏附物，则空气干燥器出现了故障。（　）

6．停车制动器棘爪或弹簧故障时，手动缓解无效。（　）

四、名词解释

1．风源系统

2．基础制动装置

五、简答题

1．简述称重阀的检修过程。

2．简述踏面单元制动器的组装与试验步骤。

3．简述盘形制动器的解体步骤。

六、综合分析题

城市轨道交通车辆制动系统工作的可靠性、稳定性对列车运行安全与乘坐舒适度会产生很大的影响。制动系统故障形成机制与表现形式复杂，为保证检修质量，请对下列问题进行说明。

1．检修人员应当从哪两个方面入手？

2．若制动系统管路或接头处有漏气现象，应如何确定故障的原因及其处理措施？

七、案例分析题

某次列车在某站，下行司机报 ATB/ATO/ATPM 模式不能折返，ATI 屏显示单车制动不能缓解，司机按压“强迫缓解”按钮缓解后以 ATPM 模式折返，折返后上行恢复 ATO 模式。查看 ATI 数据，ATI 报 3 车“制动装置制动不缓解（NRBD）”，该故障从第一次发生开始间隔复发共计 9 次，复发时间间隔最长为 6 s。

列车下线回停车场后，进行制动功能试验发现故障依旧存在，在制动缓解试验时，3 车制动压力下降至 0 的时间比其余车延迟 3 ～ 5 s，偶尔出现制动不缓解的情况。在车下对比制动缓解时各车的中继阀排气情况，3 车有延时且缓慢。

请仔细阅读上述案例并回答下列问题。

1．出现这种情况的主要原因是什么？

2．如果你是检修人员，应该怎么处理？

第六章　空调系统维护与检修

一、填空题（将正确答案填在横线空白处）

1. 城市轨道交通车辆空调机组由__________、____________、____________、____________四大部件及其控制系统和辅助系统等组成。

2. 用复合式压力表连接到系统中，检查系统________时的平衡压力，以及机组运行情况下的低压压力，低压压力应不低于（0.05 ± 0.03）MPa。

3. 空调与制冷装置的检查方法较多，在长期的检修实践中，形成了一套对运行中的制冷装置进行检查的方法，这就是“__________、__________、__________”。

4. 蒸发器的进出风温度差与通风量的大小有关，一般空调机组进出风温度差值为_________℃。

5. 毛细管前半段结霜，表明制冷剂充注量__________；蒸发器管路出现结霜，表明充注量___________；在毛细管与蒸发器的交接处出现__________，表明充注量合适。

6. 膨胀阀或制冷管路内制冷剂的流动声应是连续而轻微的_______声。

7. 一般制冷设备和管路经过空运转、空气负荷试车和系统排污后，对整个系统进行______________试验，常采用压力检漏和真空检漏两种形式。

二、选择题（将正确答案的字母填在括号内）

1. 下列属于制冷系统中高压压力过高故障可能原因的是（　　）。
   A. 制冷剂泄漏　　B. 系统混入空气
   C. 外界温度过低　　D. 断电

2. 若压缩机吸气管大面积结霜，则说明制冷剂剂量（　　）。
   A. 适中　　B. 偏多　　C. 偏少　　D. 无法判断

3. 下列说法不正确的是（　　）。
   A. 过高、过低的电压都会导致空调机组启动困难
   B. 压缩机正常工作时，噪声较低，有规律，运行平稳
   C. 摸测温度一般是在压缩机运转 15 min 以上时进行
   D. 泡沫检漏无法确定确切的泄漏发生位置

4. 下列说法正确的是（　　）。
   A. 高压侧充注制冷剂是依靠钢瓶与系统之间的压力差及高度差使液体自行进入系统
   B. 高压侧充注制冷剂时，可以启动压缩机

C. 低压侧充注制冷剂时，依靠钢瓶与系统之间的压力差，将液态制冷剂吸入系统

D. 低压侧充注制冷剂时，不可以启动压缩机

三、判断题（正确的在题后括号内打“√”，错误的打“×”）

1. 导致制冷系统中压力过高的主要原因是系统中混入了空气。（ ）

2. 压缩机吸气管及附近有结露，说明吸气温度较低，系统内制冷剂剂量适中。（ ）

3. 若压缩机吸气管及机壳大面积结露，则说明制冷剂剂量偏多，或者膨胀阀开度较大。（ ）

4. 干燥器阻塞会导致制冷剂液位过低。（ ）

5. 制冷剂充注量过多，不会影响制冷系统的工作压力。（ ）

6. 气密性试验中，充注完毕后进行 24 h 保压试验，其中前 6 h 的压力降不应超过 2%，其余 18 h 应能保持压力稳定。（ ）

7. 高压侧充注制冷剂适用于充注量大的初次充注。（ ）

8. 低压侧充注制冷剂适用于全封闭式制冷系统。（ ）

四、名词解释

1. 空调系统

2. 泡沫检漏

五、简答题

1. 制冷系统中进入空气会产生什么影响?

2. 真空泵抽真空时应注意哪些事项?

3．简述空调系统故障诊断与检修的基本流程。

4．空调系统常见的电气故障有哪些？

六、综合分析题

一般单元式空调机组用真空泵进行真空检漏，在应用真空泵抽真空作业时，需要配合使用歧管压力表，真空泵抽真空系统管路连接如图 6–1 所示。

根据以上描述，请回答下列问题。

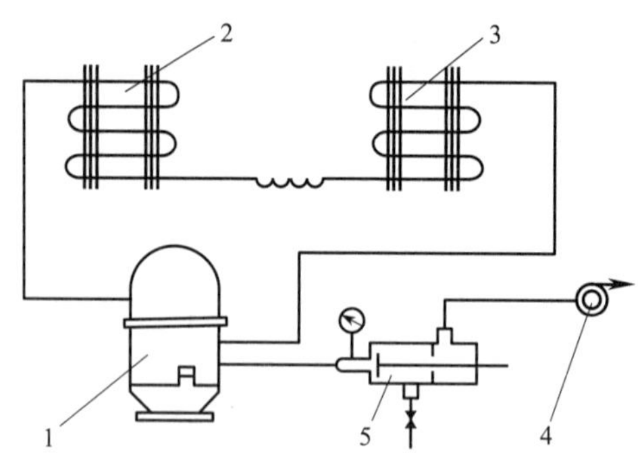

图 6–1　真空泵抽真空系统管路连接

1．填写图 6–1 所示的真空泵抽真空系统各部分的名称。

2．说明具体检漏方法。

七、案例分析题

某地铁运营公司列车在运行过程中，司机发现该车Ⅰ位端空调出现多次停止工作的情况，并进行了记录。列车回库后，检修人员根据故障情况对该空调系统进行性能故障测试，发现压缩机的工作电流对比正常工作电流偏小，用复合式压力表连接到系统中，检查系统停机时的平衡压力，以及机组运行情况下的低压压力，发现低压压力较小，低压压力开关动作。判定故障的原因在于制冷剂泄漏，通过查找管路系统发现管路泄漏点并进行处理，空调系统恢复正常。

请仔细阅读上述内容并回答下列问题。

1．空调系统出现制冷剂泄漏时，还可以从哪些现象进行判断？

2．如果你是检修人员，是否有更好的方法检测制冷剂泄漏？

3．简述制冷系统补充制冷剂的方法。

第七章　牵引系统维护与检修

一、填空题（将正确答案填在横线空白处）

1．当滑板条磨损到小于________mm 时，应及时更换。

2．滑板条出现了____________________的崩边，应立即更换。

3．受电弓分解前，应松开____________，然后依次拆除导流线、集电头、上臂杆、下臂杆和驱动气缸，组装按____________的顺序进行。

4．以走行轨上平面为基准，集电靴到达主轴中心高度为____________mm，到达碳滑靴磨耗线高度为____________mm。

5．避雷器也称浪涌吸收器，设置在受电弓附近，一端接____________，另一端通过车体接地片____________。

6．牵引逆变器模块为__________冷却，基于 IGBT 技术。

7．定期清洁制动电阻及制动电阻箱，用____________清洁电阻器，确保无污物附着。

二、选择题（将正确答案的字母填在括号内）

1．维护受电弓时，如果（　　），则必须更换。

A．受电弓各个部位不同规格的导流线有断股

B．受电弓滑板条有偏磨情况

C．受电弓液压阻尼器有漏油情况

D．受电弓升弓钢丝绳断股

2．受电弓分解后，应清洗所有部件，清洗时选择（　　），并且小心清洗，避免框架变形造成部件损坏。

A．酒精　　B．酸性清洁剂　　C．中性清洁剂　　D．碱性清洁剂

3．测量避雷器绝缘电阻时，下列绝缘值中，（　　）MΩ 不符合技术要求。

A．50　　B．150　　C．200　　D．300

4．下列选项中，不属于列车主电路系统部件的是（　　）。

A．受电弓　　B．高速断路器　　C．充电机　　D．制动电阻

5．维护高速断路器时，检查箱体有无变形、裂纹，表面油漆破损面积不大于（　　）mm^2。

A．400　　B．600　　C．900　　D．1 000

6．用（　　）对高速断路器箱内和灭弧罩内清洁。

A．酸性清洁剂　　B．中性清洁剂　　C．碱性清洁剂　　D．酒精

7. 列车制动电阻采用的冷却方式是（　　）。

A. 自然风冷　　B. 强迫风冷　　C. 循环水冷　　D. 油冷却

8. 平波电抗器的功能是（　　）。

A. 抑制高次谐波　　B. 限制直流侧滤波单元的电压、电流波动

C. 阻止供电的瞬时突变　　D. 保护电器设备

三、判断题（正确的在题后括号内打"√"，错误的打"×"）

1. 如果更换弓头滑板条，应同时将弓头所有的滑板条全部予以更换。（　　）

2. 如果发现受电弓撑杆有变形或弯曲，应采用热处理整形方式检修。（　　）

3. 清洗集电靴产品时必须断电，可用人工清洗，也可用专用清洗设备清洗，还可用 600 kPa 以下的高压喷水清洗。（　　）

4. 集电靴在正常位置的接触压力可以在车辆上进行检查。（　　）

5. 城市轨道交通车辆设置有车间电源，可与列车受电弓同时向列车供电。（　　）

6. 避雷器上如果有污染物质，可用纯棉布擦拭干净后再用 100% 工业酒精擦洗。（　　）

7. 牵引逆变器把来自接触网上的 1 500 V 直流电变换为三相 0 ~ 1 150 V 交流电，为每节动车转向架上的牵引交流电动机提供交流电。（　　）

8. 如果冷态下带状电阻就有变形，一旦通过制动电流，其变形程度不会加重。（　　）

四、名词解释

1. 受流装置

2. 高速断路器

五、简答题

1. 简述避雷器的维护方法。

2. 简述高速断路器的作用。

3．简述制动电阻的维护方法。

六、综合分析题

由于受电弓安装在车顶，并且安装区域是开放的，所以受电弓的工作环境非常恶劣。因此，在日常检修作业中，受电弓是需要重点检查的部件之一，并且每隔 5 年应对受电弓进行大修。针对受电弓的日常维护与检修，请对下列问题进行说明。

1．受电弓在日常维修时需要调整哪些参数？

2．受电弓在大修组装完毕后需要做哪些调整？

七、案例分析题

2019 年 1 月 14 日，某地铁公司组织对三号线“+03A015-03B015-03C015=03C016-03B016-03A016+”列车架修验收，现场检查发现 03A015 车高压箱盖板、03B015 车闸刀开关箱盖板挂耳未扣到位，如图 7-1 和图 7-2 所示。经仔细调查，作业人员在检修过程中未全面检查盖板状态，互检人员也只确认了方孔锁锁闭状态，并且未通过盖板挂耳上的红色油漆标识对挂扣状态进行有效识别而直接锁闭盖板。请分析出现这种情况的主要原因，并写出整改措施。

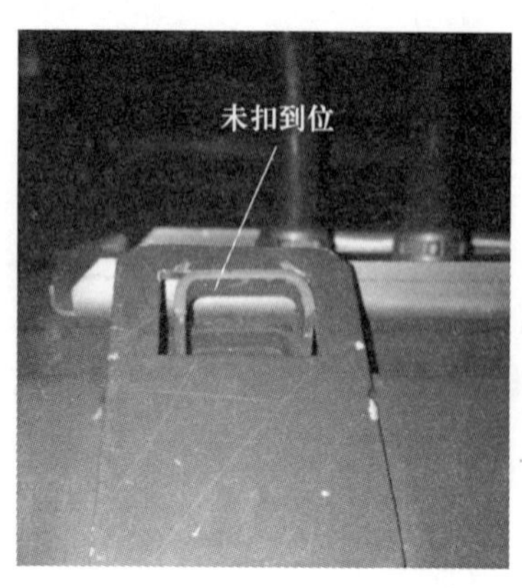

图 7-1　03A015 车高压箱盖板左侧挂耳未扣到位与正常情况

图 7-2　03B015 车闸刀开关箱盖板右侧挂耳未扣到位与正常情况

第八章　辅助供电系统维护与检修

一、填空题（将正确答案填在横线空白处）

1. 辅助电源箱包括辅助逆变器和________________两大模块。

2. 辅助逆变器的核心是________________________模块。

3. 辅助电源箱双周检时，将滤网更换后清洗，换上__________的滤网并安装牢固。

4. 辅助电源箱双周检时，检查确认风道内无异物，用___________及抹布清洁风道，使风道内无积尘。

5. 在辅助电源箱架修的清洁过程中，应采取__________措施。

6. 辅助电源箱箱体维护检查时，油漆破损面积应不大于__________mm^2。

7. 蓄电池日检时，要求箱体油漆破损面积不大于__________mm^2。

二、选择题（将正确答案的字母填在括号内）

1. 列车蓄电池充电机的作用是（　　）。
   A. 将 1 500 V 直流电转换成 380 V 交流电
   B. 将 1 500 V 直流电转换成 110 V 直流电
   C. 将 380 V 交流电转换成 220 V 交流电
   D. 将 110 V 直流电转换成 48 V 直流电

2. 下列关于列车备用蓄电池的存储、维护、使用的描述不正确的是（　　）。
   A. 不要在同一房间内存储任何铅酸蓄电池或铅酸蓄电池的电解液
   B. 备用蓄电池应存储在清洁干燥的地方
   C. 废液应直接倒入下水道系统处理
   D. 工作时应戴橡胶手套、护目镜，穿长袖工作服

3. 辅助电源箱大修时，要求脉宽调制逆变器模块清洁度达到（　　）级。
   A. Ⅰ　　B. Ⅱ　　C. Ⅲ　　D. Ⅳ

4. 辅助电源箱的箱体安装螺栓有（　　）颗。
   A. 4　　B. 6　　C. 8　　D. 10

5. 辅助系统的交流负载不包括（　　）。
   A. 客室空调　　B. 客室正常照明系统
   C. 空气压缩机　　D. 司机室照明系统

6. 车辆 24 V 逆变器的供电电压是（　　）V。
   A. DC1500　　B. AC220　　C. DC110　　D. DC24

7．辅助系统的直流负载不包括（　　）。

A．车门驱动电动机　　B．客室紧急照明系统

C．乘客信息系统　　D．司机室便捷插座

8．蓄电池架大修时，要求某一单体电压值与单体电压的平均值相差在（　　）V 以内。

A．0.02　　B．0.05　　C．0.2　　D．0.5

三、判断题（正确的在题后括号内打“√”，错误的打“×”）

1．交流电压（AC380 V）通过蓄电池充电器变换成蓄电池与低压直流负载使用的 DC110 V 电压。（　　）

2．车辆外部照明系统包括司机室前照灯、红 / 白标志灯和客室外部指示灯。（　　）

3．车辆内部照明系统包括司机室照明系统、客室照明系统和客室内部指示灯。（　　）

4．应急灯回路由 DC110 V 常规母线供电。（　　）

5．用红外线测温枪测量蓄电池箱体内的温度并记录。（　　）

6．辅助电源箱在架修时，应对接线端子进行清洁，必要时应进行打磨。（　　）

7．将客室照明开关分别打至“全照明”和“紧急照明”位，检查各车正常照明及紧急照明是否正常。（　　）

8．辅助电源箱日检时，检查一次保护装置是否插接到位。（　　）

四、名词解释

1．辅助电源箱

2．辅助逆变器

五、简答题

1．简述辅助电源箱的年检内容。

2．客室照明的拆除与安装包含哪些步骤?

3．简述蓄电池的年检内容。

4．简述蓄电池充放电过程中充电机与蓄电池连接电缆温度过高的原因及处理方法。

六、综合分析题

城市轨道交通车辆的照明系统包含车辆外部照明系统和车辆内部照明系统两大部分，车辆外部照明系统包括司机室前照灯、红 / 白标志灯和客室外部指示灯，车辆内部照明系统包括司机室照明系统和客室照明系统。车辆照明系统的各级检车作业主要是检查车辆照明系统的功能是否正常。

请仔细阅读上述内容并回答下列问题。

1．简述检查车辆外部照明系统的方法。

2．简述检查司机室照明系统的方法。

3．简述检查客室照明系统的方法。

七、案例分析题

2019 年 10 月 28 日，某地地铁列车运行中发生一起列车蓄电池箱体盖板打开的事故，导致某段下行线区段的部分接触轨支架及外壳损坏，影响下行线正常运营 3 小时 25 分。

请仔细阅读上述内容并回答下列问题。

1．分析事件可能的原因。

2．根据所提原因，写出相应的整改措施。

第九章　控制及乘客信息系统维护与检修

一、填空题（将正确答案填在横线空白处）

1. 城市轨道交通车辆控制系统简称____________。
2. 车辆控制单元简称____________。
3. 城市轨道交通车辆乘客信息系统简称____________。
4. 多媒体播放系统简称____________。
5. 多功能车辆总线简称____________。
6. ____________作为列车级总线和车辆级总线的网关，实现列车级总线到车辆级总线的数据转发功能。
7. 控制系统采用分布式控制技术，划分为两级，即列车控制级和____________。

二、选择题（将正确答案的字母填在括号内）

1. 控制系统的主要功能不包括（　　）。
   A. 监控列车的行驶　　B. 从设备中收集故障信息
   C. 记录故障和设备状态　　D. 控制列车的牵引和制动
2. 当线圈失电时，触头若是打开的，称为（　　）触头。
   A. 常闭　　B. 常开　　C. 反联锁　　D. 主
3. 由电磁铁的吸力特性可知：工作气隙小时，磁路磁阻小，衔铁上获得的电磁吸力（　　）。
   A. 小　　B. 大　　C. 恒定　　D. 为零
4. 拆卸车辆 HMI 显示屏前，应确保显示屏电源已经切断，显示屏断电至少（　　）min 后再打开。
   A. 2　　B. 5　　C. 10　　D. 20
5. 下列触头对中不合理的是（　　）。
   A. 金、铝　　B. 银、铜　　C. 锡、镍　　D. 铂、银
6. 安装车辆显示屏时，拧紧螺栓的推荐转矩为（　　）N · m。
   A. 2.1　　B. 2.8　　C. 3.1　　D. 4.5

三、判断题（正确的在题后括号内打“√”，错误的打“×”）

1. 触头上的油污或异物可以用棉布蘸酒精或者汽油擦洗。（　　）
2. 接触器运动部分有卡阻现象时可拆开检修。（　　）

3. 可以使用稀释剂、有机溶剂或高酸性混合物清洁车辆 HMI 显示屏。 (　　)
4. 线圈阻值过大的原因一般为线圈烧损。 (　　)
5. 视频监控系统简称 CCTV。 (　　)
6. 清洁麦克风时，使用带有少量酒精的软布轻轻擦拭麦克风外部即可。 (　　)
7. 事件记录模块具备以太网接口。 (　　)
8. 车载故障诊断系统完成车载各部件故障数据的采集、分析、转储和显示功能。 (　　)

四、名词解释

1. PIS

2. PTU

3. HMI

五、简答题

1. 画出控制系统功能的网络拓扑图。

2. 简述 TCMS 系统的三个故障等级。

3. 简述乘客信息系统的日检内容。

4. 简述继电器触头阻值过大的原因。

六、综合分析题

广播系统故障时，系统投入使用初期主要是根据其工作原理查找故障点，随着检修经验的积累，后续主要根据经验判断故障点，这样可以更快地找到故障点。

请仔细阅读上述内容并回答下列问题。

1. 简述根据工作原理查找故障点的思路。

2. 简述自动广播失效的检查方法。

七、案例分析题

2019 年 12 月 5 日，某地铁列车正线运营时，05A017 车出现强光灯及弱光灯均不亮故障，行车调度员出于安全考虑组织该车清客回库。列车回库后检查发现故障原因是 LCR2 继电器线圈烧损，更换新的继电器后列车恢复正常。该继电器按规程属定额更新备件，但经分部详细调查后，发现此继电器并未按定额要求进行更新。

请仔细阅读上述内容并回答下列问题。

1. 试分析继电器未按定额要求进行更新的原因。

2. 根据所提原因，写出相应的整改措施。